IL LIBRO DELLE GRANDI INFUSIONI DI BIRRA 2022

100 ALLETANTI ricette

ROBERTO CANNAS

Tutti i diritti riservati.

Dichiarazione di non responsabilità

Le informazioni contenute sono destinate a servire come una raccolta completa di strategie su cui l'autore di questo eBook ha svolto ricerche. Riepiloghi, strategie, suggerimenti e trucchi sono solo raccomandazioni dell'autore e la lettura di questo eBook non garantisce che i propri risultati rispecchino esattamente i risultati dell'autore. L'autore dell'eBook ha compiuto ogni ragionevole sforzo per fornire informazioni aggiornate e accurate ai lettori dell'eBook. L'autore ed i suoi collaboratori non saranno ritenuti responsabili per eventuali errori od omissioni involontarie che dovessero riscontrarsi. Il materiale nell'eBook può includere informazioni di terze parti. I materiali di terze parti comprendono le opinioni espresse dai rispettivi proprietari. Pertanto, l'autore dell'eBook non si assume alcuna responsabilità per materiale o opinioni di terzi.
L'eBook è copyright © 2022 con tutti i diritti riservati. È illegale ridistribuire, copiare o creare lavori derivati da questo eBook in tutto o in parte. Nessuna parte di questo rapporto può essere

riprodotta o ritrasmessa in qualsiasi riprodotta o ritrasmessa in qualsiasi forma senza il permesso scritto espresso e firmato dall'autore.

INTRODUZIONE 8

PIATTI INFUSO 10

   1. Spezzatino di manzo con ortaggi a radice 10
   2. Birra ambrata dell'Alaska fagioli rossi 13
   3. Petto brasato alla birra e peperoncino... 15
   4. Birra e salatini pollo-Perdue 17
   5. Pollo alla birra 19
   6. Frittura di pesce in pastella alla birra 21
   7. Frittura di passera in pastella alla birra 23
   8. Pastella alla birra per pollo fritto 25
   9. Pastella alla birra per gamberi e verdure 27
   10. Sogliola fritta in pastella di birra 29
   11. Verdure fritte in pastella di birra 31
   12. Pollo con birra messicana 33
   13. Halibut in pastella di birra 35
   14. Fish and chips in pastella di birra 37
   15. Funghi in pastella alla birra 39
   16. Sformato di birra con patate smerlate 41
   17. Riso selvatico alla birra 43
   18. Granchi dal guscio morbido in pastella di birra 45
   19. Straccetti di pollo in pastella per cena 47
   20. Pollo in pastella di birra fritto nel wok 49
   21. Braciole di maiale marinate alla birra teriyaki beer 51
   22. Costolette di agnello alla birra e salsa di senape 53
   23. Calamaro in pastella alla birra 55
   24. Brasato di manzo alla birra in pentola di coccio 57
   25. Gamberi alla birra 59
   26. Birra al peperoncino 61
   27. Salame alla birra 63
   28. Salsiccia polacca in camicia di birra 65
   29. Riso alla birra 67
   30. Insalata di patate alla birra 69
   31. Petto di manzo su riso selvatico 71
   32. Anatra arrosto alla birra 73
   33. Polpette alla birra 75

34. Gamberi alla birra con pasta capelli d'angelo 77
35. Pesce alla birra tedesca 79
36. Gamberi in pastella di birra e zafferano 81
37. Zuppa di birra alla cannella 83
38. Pescegatto alla birra 85
39. Birra il culo di pollo 87
40. Carote alla birra 89
41. Hamburger di birra al forno 91
42. Panini arrosto alla birra 93

INFUSO ZUPPE E SPEZZATI 95

43. Zuppa di crema di birra 95
44. Zuppa di birra cipolla e aglio garlic 97
45. Zuppa alla birra con bacon e cheddar 99
46. Zuppa di cipolle alla birra bavarese 101
47. Stufato di birra belga 103
48. Zuppa di broccoli alla birra 105
49. Zuppa di birra di mare 107
50. Biersuppe (zuppa di birra) & buttermilchsuppe 109

BIRRE FATTE IN CASA 111

51. Birra alla banana 111
52. Birra di frumento Alcatraz 113
53. A & W birra alla radice 115
54. Birra all'aglio 117
55. Birra comune californiana 119
56. Birra alla radice di sei ore 121
57. Birra Maerzen 123
58. Birra casereccia 125
59. Birra ai mirtilli rossi 127
60. Cordiale alla birra allo zenzero 129
61. Raffreddatore di birra al pomodoro 131

COCKTAIL ALLA BIRRA 133

62. Margarita alla birra 133
63. Chelada classica 135

- 64. Michelada 137
- 65. Bevanda di velluto nero 139
- 66. Shandy classico 141
- 67. Shandy al pompelmo 143
- 68. Spritz alle fragole e cetrioli 145
- 69. Beergarita 147
- 70. Bacardi Lime Shot con Birra 149
- 71. Fedelito 151
- 72. Beermosa 153
- 73. Caldaia Sunshine 155
- 74. Cinco 157

DOLCI 159

- 75. Fudge birra e crauti 159
- 76. Biscotti alla birra 161
- 77. Torta speziata alla birra 163
- 78. Zuppa di birra e formaggio con popcorn 165
- 79. Mele ripiene al forno alla birra 167
- 80. Cheddar e cheesecake alla birra 169
- 81. Birra alla frutta britannica 171
- 82. Pane alla birra di base 173
- 83. Muffin alla birra al formaggio 175
- 84. Pane alla birra all'aneto 177

SPUNTINI 179

- 85. Noccioline per birra 179
- 86. Asparagi fritti in pastella di birra 181
- 87. Biscotti spritz all'arancia Orange 183
- 88. Torte alla birra 185
- 89. Smokies in birra e miele 187
- 90. Anelli di cipolla in pastella di birra 189

SALSE, SPALMABILE E SPEZIE 191

- 91. Salsa di formaggio e birra 191
- 92. Tempura pastella alla birra 193
- 93. Salsa barbecue tedesca 195

94. Mop di birra di base 197
95. Pastella alla birra per pesce 199
96. Crema di birra ed edam 201
97. Salsa di birra al formaggio e peperoncino 203
98. Salsa di pesce alla birra 205
99. Marinata alla birra per manzo 207
100. Salsa alla birra messicana 209

CONCLUSIONE **211**

INTRODUZIONE

Le birre con il loro gusto dolce, tostato, maltato o nocciolato possono aggiungere profondità ai piatti, dalla colazione agli snack, ai dessert e ai piatti principali.. E non preoccuparti di ubriacarti: praticamente tutto l'alcol evapora durante il processo di cottura. Questi piatti faranno sì che i tuoi ospiti si chiedano quale sia l'ingrediente segreto (e torneranno per saperne di più!).

Birre diverse si abbinano bene a cibi diversi, quindi è importante imparare le differenze di gusto prima di entrare in cucina. La birra può essere suddivisa in due gruppi principali: ale e lager. Ale, la birra originale, viene prodotta in un modo che si traduce in sapori fruttati e terrosi. Le lager utilizzano sistemi di produzione della birra più moderni per essere più leggere e più asciutte. Ogni tipo di birra ha un sapore decisamente diverso che si abbina bene a determinati cibi. Di seguito troverai una ripartizione di diversi tipi comuni e alcune ricette che utilizzano ciascuno di essi.

Birre Di Grano

Le birre di frumento sono chiare, spesso non filtrate (quindi torbide) e hanno sapori fruttati, morbidi, dai bordi croccanti, ben abbinati a insalate e pesce.

Pale Ale e Bitter

La sua croccantezza taglia magnificamente carni ricche e grasse come la selvaggina. La Pale Ale è più forte, con una carbonatazione più corroborante, e si sposa bene con tutto, dal pane e formaggio al fish and chips.

facchino

È meno tostato della stout e meno amaro della pale ale, e raccoglie particolarmente bene i sapori negli stufati.

corpulento

Stout esalta i sapori di tutto, dai crostacei agli stufati. Per le sue spiccate note di caffè e cioccolato, è perfetto anche per essere miscelato in ricchi dessert.

PIATTI INFUSO

1. Spezzatino di manzo con ortaggi a radice

Resa: 6 Porzioni

Ingrediente

- 2 libbre di carne di manzo in umido
- 1 cucchiaio di timo secco
- 1 cucchiaio di rosmarino secco
- ¼ tazza di olio vegetale

- 2 cucchiai di burro
- 1 tazza di cipolle; pelati e tagliati a dadini
- tazza di farina
- 12 once di birra scura
- 1 quarto Brodo di manzo caldo
- ½ tazza di pomodori schiacciati
- 2 cucchiaini di sale e 2 cucchiaini di pepe
- 1 tazza di carote e sedano pelati e tagliati a dadini
- 1 tazza di rutabaga sbucciata e tagliata a dadini
- 1 tazza di pastinaca pelata e tagliata a dadini

In una casseruola capiente, portate a bollore e abbassate il fuoco a fuoco lento. Cuocere per ¾ ora.

2. Birra ambrata dell'Alaska fagioli rossi

Resa: 6 Porzioni

Ingrediente

- 1 libbra Fagioli rossi; cucinato
- ½ libbre di prosciutto; a dadini
- ½ libbre Salsicce hot link; a dadini
- 3 medie Jalapeño peperoncino del Cile Chile
- 1 cipolla media; a dadini
- 1 cucchiaio di condimento creolo
- 2 Bottiglie di birra ambrata dell'Alaska

- ½ tazza di sedano; a dadini

- ½ tazza di peperone rosso; a dadini

In un crockpot o in una padella pesante da 3 litri, metti tutti gli ingredienti tranne i fagioli a ebollizione e fai sobbollire per un'ora o due. Aggiungere i fagioli e cuocere a fuoco lento per un'altra o due ore.

Non utilizzare un condimento creolo a base di sale. La salsiccia e il prosciutto forniscono sale, e altro può essere aggiunto a tavola.

Se lo desideri, aggiungi altri peperoni. Servire con riso. Scolare i fagioli e riempire con acqua fino a coprire e cuocere a fuoco lento finché sono teneri.

3. Petto brasato alla birra e peperoncino

Resa: 1 Porzione

Ingrediente

- 2 spicchi d'aglio; tritato
- 2 cucchiaini di cumino macinato
- ¼ cucchiaino di cannella
- ¼ tazza più 1 cucchiaio. zucchero di canna
- 5 libbre di petto
- 2 cipolle grandi; tagliato a spicchi
- 1 tazza di birra scura; o robusto

- 3 cucchiai di concentrato di pomodoro
- 1 cucchiaio di peperoncino chipotle in scatola
- 10 patate rosse piccole; tagliare a metà
- $\frac{1}{2}$ libbre Carotine

Mescolare bene i primi 3 ingredienti. Strofinare il petto con la miscela di spezie per coprirlo e metterlo su un foglio.

Metti gli spicchi di cipolla sulla carne. Unire i prossimi 3 ingredienti e lo zucchero di canna rimasto in una ciotola. Versare sulla carne.

Irrorare la carne con il sugo della padella e cuocere un'altra ora.

Aggiungere le patate e le carote nella padella. Cuocere per circa 1-$\frac{1}{2}$ ore, scoperto.

4. Birra e salatini pollo-Perdue

Resa: 4 porzioni

Ingrediente

- 1 pollo Perdue, tagliato cut
- ⅓ tazza di farina
- 1 cucchiaino di paprika
- 2 cucchiaini di sale
- cucchiaino di zenzero
- ¼ cucchiaino di Pepe
- ½ tazza di birra

- 1 uovo
- ½ tazza di salatini finemente tritati
- ¼ tazza di parmigiano grattugiato
- ¼ tazza di pezzi di pancetta schiacciata
- 1 cucchiaio di fiocchi di prezzemolo essiccato

Mescolare la farina, la paprika, il sale, lo zenzero e il pepe in una ciotola. Aggiungere la birra e l'uovo.

Mescolare i salatini tritati, il parmigiano, i pezzetti di pancetta e il prezzemolo in un sacchetto di plastica. Immergere i pezzi di pollo e agitare per ricoprirli.

Cuocere, coperto, a 350 F per 30 minuti

5. Pollo alla birra

Resa: 4 porzioni

Ingrediente

- 1 tazza di farina non setacciata
- 1 cucchiaio di paprika
- ½ cucchiaino di sale
- 1 qt. olio di mais
- 1 tazza di birra
- 3 libbre di pollo, tagliato in parti

In una ciotola capiente, mescolare insieme i primi 3 ingredienti. Versare l'olio di mais in 3 qt pesanti. casseruola o friggitrice, riempiendo non più di ⅓ pieno.

Scaldare a fuoco medio fino a 375 gradi

Quando è pronto per friggere, mescolare gradualmente la birra nella miscela di farina fino a che liscio. Immergere il pollo, 1 pezzo alla volta, nella pastella; scrollarsi di dosso l'eccesso.

Friggere pochi pezzi alla volta; girando di tanto in tanto, da 6 a 8 minuti o finché il pollo non diventa dorato e tenero. Scolare su carta assorbente. Tenere in caldo mentre si friggono i pezzi rimanenti.

6. Frittura di pesce in pastella alla birra

Resa: 1 porzione

Ingrediente

- 1 tazza di Bisquick
- 1 cucchiaino di sale
- 4 6 once di birra
- ⅓ tazza di farina di mais
- ¼ cucchiaino di Pepe
- 2 libbre Filetti di pesce

Unire gli ingredienti secchi e aggiungere la birra per ottenere una consistenza appiccicosa per l'immersione. Salare il pesce e passarlo nella pastella. Friggere a 375 gradi fino a quando il pesce non sarà dorato.

7. Frittura di passera in pastella alla birra

Resa: 1 porzione

Ingrediente

- 1 tazza di Bisquick
- 1 cucchiaino di sale
- 4 6 once di birra
- ⅓ tazza di farina di mais
- ¼ cucchiaino di Pepe
- 2 libbre Filetti di pesce

Unire gli ingredienti secchi e aggiungere la birra per ottenere una consistenza appiccicosa per l'immersione. Salare il pesce e passarlo nella pastella. Friggere a 375 gradi fino a quando il pesce non sarà dorato.

8. Pastella alla birra per pollo fritto

Resa: 1 Porzione

Ingrediente

- ⅔ tazza di farina
- ½ cucchiaino di sale
- ⅛ cucchiaino di Pepe
- 1 Tuorlo d'uovo; battuto
- tazza di birra piatta

Unire gli ingredienti secchi e mettere da parte. Sbattere il tuorlo d'uovo e aggiungere lentamente la birra.

Aggiungere gradualmente questo alla miscela secca. Inumidisci il pollo. Passare nella farina condita e poi nella pastella. Passare nuovamente nella farina condita. Friggere

9. Pastella alla birra per gamberi e verdure

Resa: 1 Porzione

Ingrediente

- 2 tazze di farina
- 2 bicchieri di birra
- Olio; per friggere
- Farina aromatizzata; per il dragaggio
- Gamberetto; pelati, svenati
- Strisce di zucchine
- Cimette di broccoli

In una ciotola con la farina, unire la birra, poca alla volta. Aggiungi altra birra se necessario. Versare l'impasto attraverso un colino e lasciare riposare per un'ora. Verificare la consistenza desiderata e aggiungere altra birra se necessario.

In una pentola profonda, scaldare l'olio a 360 gradi. Passare l'oggetto da friggere nella farina condita e poi immergerlo nella pastella di birra. Friggere fino a doratura. Trasferire su un piatto rivestito di carta assorbente. Servire subito.

10. Sogliola fritta in pastella di birra

Resa: 1 porzione

Ingrediente

- 2 libbre Filetto di sogliola
- tazza di farina
- 1 cucchiaino di lievito in polvere
- ½ cucchiaino di Cipolla in polvere
- ⅛ cucchiaino di pepe bianco
- ½ tazza di birra
- 2 Uova, salsa tartara di olio vegetale sbattuto

La pastella per questo piatto di pesce fritto è leggera e croccante con un delicato sapore di birra. Altri filetti di pesce possono essere sostituiti dalla sogliola.

Asciugare il pesce con carta assorbente. Tagliare ogni pezzo a metà nel senso della lunghezza.

Unire gli ingredienti secchi. Mescolare la birra con le uova e 2 cucchiai di olio e aggiungere agli ingredienti secchi. Mescolare solo finché non si inumidisce. Scaldare $\frac{1}{4}$ di pollice di olio in una padella

Immergete ogni pezzo di pesce nella pastella, ricoprendolo bene. Friggere fino a doratura su entrambi i lati. Servire con salsa tartara. Fare 6-8 porzioni.

11. Verdure fritte in pastella di birra

Resa: 4 porzioni

Ingrediente

- Olio
- 1 Busta di zuppa di cipolle dorate mix
- 1 tazza di farina per tutti gli usi non sbiancata
- 1 cucchiaino di lievito in polvere
- 2 uova grandi

- ½ tazza di birra, qualsiasi birra normale
- 1 cucchiaio di senape pronta

Nella friggitrice, scaldare l'olio a 375 gradi F. Nel frattempo, in una ciotola grande, sbattere il mix di zuppa di cipolla dorata, farina, lievito, uova, senape e birra fino a ottenere un composto liscio e ben amalgamato. Lascia riposare la pastella 10 minuti. Immergere le verdure e le cose consigliate nella pastella, quindi immergerle con cura nell'olio caldo.

Friggere, girando una volta, fino a doratura; scolare su carta assorbente. Servire caldo.

12. Pollo con birra messicana

Resa: 1 Porzione

Ingrediente

- 1½ libbre Pezzi di pollo
- 2 Peperoni verdi tagliati a fettine sottili
- 1 medio   Cipolla tagliata a fettine sottili
- 1 Spicchio d'aglio tritato
- 1 grande pomodoro a pezzi
- 2 cucchiai   Olio
- 1 Lattina di birra

- Sale pepe

Scaldare l'olio in una casseruola. Cospargere di sale e pepe il pollo, metterlo nell'olio e friggere ogni pezzo di pollo su ogni lato fino a quando non sarà leggermente dorato, togliere il pollo e mettere da parte. Nello stesso olio soffriggere le cipolle, i peperoni verdi, i pomodori e l'aglio per circa 2-5 minuti. Aggiungete il pollo e la birra, portate a bollore, abbassate la fiamma e lasciate cuocere finché il pollo non sarà cotto e la birra sarà quasi assorbita. Non lasciarlo asciugare. Servire con un contorno di riso.

13. Halibut in pastella di birra

Resa: 1 porzione

Ingrediente

- un paio di chili di halibut
- abbastanza olio da cucina per consentire la frittura profonda
- 1 tazza di farina
- una bottiglia di birra da 12 once
- 1 cucchiaio di paprika
- 1 1/2 cucchiaino di sale

Per questa pastella, le birre di buona qualità e di colore chiaro funzionano meglio. Il sapore delle birre scure è troppo forte.

Tagliare l'halibut a pezzi spessi 1 pollice. Scaldare l'olio in una friggitrice a 375 gradi F. Preparare la pastella unendo gli ingredienti rimanenti. Immergere l'halibut nella pastella e far cadere i pezzi nell'olio caldo, pochi alla volta. Cuocere i pezzi di pesce fino a quando la pastella è dorata ~ solo pochi minuti. L'halibut si scuoce facilmente, quindi cerca di non esagerare. Togliere i pezzi di pesce dall'olio e scolarli su carta assorbente; servire ben caldo con i vostri accompagnamenti preferiti.

14. Fish and chips in pastella di birra

Resa: 1 Porzione

Ingrediente

- 1½ libbre Filetti di merluzzo
- ⅓ tazza di succo di limone fresco
- ½ Cipolla bianca grande tritata
- Sale qb
- Pepe a piacere
- 6 medie patate

- Olio vegetale

Pastella alla birra

- ½ tazza di farina
- 1 cucchiaino di paprika
- peperoncino di Cayenna
- Aceto di malto (facoltativo)

Tagliare il pesce a pezzi e metterlo in una ciotola piatta. Cospargere il pesce con succo di limone, cipolla, sale e pepe a piacere, marinare per 1 ora. Lavare e sbucciare le patate; tagliare a listarelle e sciacquare in acqua fredda: scolare bene. Friggere le patate in olio profondo riscaldato a 375 fino a quando sono quasi tenere; scolare e stendere su carta assorbente. Setacciare la farina, 1 cucchiaino. sale, pepe e pepe di Cayenna a piacere in un piatto piano; spolverare il pesce nella farina. Immergere il pesce nella pastella di birra e friggere fino a doratura e croccante.

15. Funghi in pastella alla birra

Resa: 4 Porzioni

Ingrediente

- 24 cad. Funghi
- 1 ogni confezione di mix di pastella
- 1 tazza di birra

Lavare i funghi e tagliare i gambi, ma non rimuovere completamente l'intero gambo.

Scaldare l'olio in una friggitrice profonda, come una "Fry-Daddy" o una padella profonda con abbastanza olio da coprire

Mescolare la pastella secondo le indicazioni sulla confezione, tranne per l'uso della birra come liquido al posto dell'acqua o del latte.

Friggeteli in padella fino a doratura e scolateli su carta assorbente.

16. Sformato di birra con patate smerlate

Resa: 8 porzioni

Ingrediente

- 4 grandi patate Russet con la buccia
- 1 tazza di cipolla affettata
- 1½ cucchiaino di sale
- 1 cucchiaino di sale all'aglio
- 2 cucchiaini di paprika
- 2 cucchiai di farina per tutti gli usi
- 2 cucchiaini di zucchero

- 4 cucchiai di Margarina

- 1 libbra di formaggio svizzero, grattugiato

Sbucciare le patate e tagliarle a fette di $\frac{1}{8}$ di pollice. In una pirofila imburrata mettere uno strato di spread di patate distribuite uniformemente nel piatto. Cospargere le patate con $\frac{1}{4}$ di cipolla.

Unire in una piccola ciotola sale, aglio sale, zucchero, paprika e farina. Amalgamare bene. Cospargere uniformemente 2 cucchiaini e mezzo di questa miscela sul primo strato.

Guarnire con 1 cucchiaio di burro tagliato a pezzi. Continua la procedura per altri 3 strati. Versare la birra sulla casseruola e guarnire con formaggio grattugiato. Infornare a 350 forno per 1 ora.

17. Riso selvatico alla birra

Resa: 4 porzioni

Ingrediente

- ½ libbre di riso selvatico
- 1 lattina di birra (12 once)
- 6 fette Bacon
- 1 cipolla piccola, tritata
- 1 lattina di brodo di manzo
- 1 lattina Crema di funghi

Mettere a bagno il riso selvatico nella birra durante la notte. In padella, soffriggere la pancetta. Rimuovere la pancetta; crollare. Soffriggere la cipolla in 1 o 2 cucchiai di grasso di pancetta

Unire il riso scolato, il brodo di manzo, la zuppa di funghi, la pancetta sbriciolata e la cipolla saltata. Versare in una casseruola imburrata da 2 quarti. Copertina. Infornare a 350 gradi per un'ora. Scoprire. Infornare per 30 minuti.

18. Granchi dal guscio morbido in pastella di birra

Resa: 6 porzioni

Ingrediente

- 12 Granchi, morbidi
- 12 once Birra; caldo
- 1¼ tazza di farina
- 2 cucchiaini di sale
- 1 cucchiaino di paprika

- ½ cucchiaino di lievito in polvere

Versare la birra nel boccale; aggiungere la farina poi il resto degli ingredienti. Mescolare bene. Preparare la pastella almeno 1 ora e mezza prima dell'uso poiché si addenserà in piedi. Spolverare leggermente i granchi nella farina; immergere singolarmente nella pastella.

Friggere a 360 gradi per 2-5 minuti a seconda della grandezza. I granchi devono essere dorati. Scolare e servire.

19. Straccetti di pollo in pastella per cena

Resa: 1 Porzione

Ingrediente

- 1 lattina (12 once) di birra
- 2 Uova
- 1½ tazza di farina
- 4 gocce Colorante alimentare all'uovo
- Salsa di senape al miele
- 1 libbra di petto di pollo
- tazza di senape alla Digione

- tazza di miele
- $\frac{1}{4}$ tazza di maionese

Unire birra, uova e sale in una ciotola. Incorporare la farina, aggiungendo altra farina se necessario. Aggiungi il colore del cibo.

Preparare la salsa di senape al miele.

Quando sei pronto per cucinare, preriscaldare da $1\frac{1}{2}$ a 2 pollici di olio in una pentola profonda o in una friggitrice a 350 gradi. Togliete la pastella dal frigorifero e mescolate bene.

Rivestire le strisce di pollo nella pastella, quindi impostare delicatamente nell'olio con le pinze in modo che le strisce vengano a galla.

20. Pollo in pastella di birra fritto nel wok

Resa: 6 porzioni

Ingrediente

- 3 A 3 1/2 - libbre. pollo
- 2 tazze di farina
- 2 cucchiaini di lievito in polvere
- 1 cucchiaino di dragoncello, fritto
- 1/4 cucchiaino CIASCUNO; sale e pepe
- 1 Uovo sbattuto
- 1 12 once di birra in lattina

Cuocere il pollo in acqua leggermente salata per 25 minuti.

Testare la corretta temperatura del wok con un cubetto di pane. Dovrebbe dorarsi in 60 secondi. Mescolare la farina, il lievito, il dragoncello, il sale e il pepe. Aggiungere l'uovo sbattuto e la birra. Mescolare fino alla consistenza della crema. Immergere il pollo nella pastella pochi pezzi alla volta. Lascia scolare la pastella in eccesso.

Cuocere il pollo per 5-7 minuti, girandolo una volta, finché non diventa ben dorato. Scolare e tenere in caldo.

21. Braciole di maiale marinate alla birra teriyaki beer

Resa: 6 Porzioni

Ingrediente

- ⅔ tazza di salsa di soia
- tazza Mirin
- O dolce sherry
- ¼ tazza di aceto di sidro
- ⅓ tazza di zucchero
- 2 cucchiai di zenzero fresco ginger

- ⅔ tazza Birra (non scura)
- 6 Costata o lombo di un pollice di spessore
- Braciole di maiale

In una casseruola unire la salsa di soia, il mirin, l'aceto, lo zucchero, la radice di zenzero e la birra, far sobbollire il composto fino a ridurlo a circa 1⅓ tazze.

In una teglia bassa abbastanza grande da contenere le braciole di maiale in uno strato unire le costolette e la marinata, girando le costolette per ricoprirle bene e lasciar marinare le costolette.

Grigliare le braciole di maiale su una griglia unta di circa 4 pollici su carboni ardenti, irrorandole con la marinata.

22. Costolette di agnello alla birra e salsa di senape

Resa: 4 Porzioni

Ingrediente

- 8 Costolette di agnello di circa 3 once ciascuna
- 2 Spicchi d'aglio, pelati e tagliati a spicchi
- 1 cucchiaino di olio vegetale
- Sale e pepe a piacere
- 1 tazza di brodo di manzo
- 1 Birra in bottiglia (12 once))
- 1 cucchiaio di melassa

- 1½ cucchiaio di senape in grani
- 1 cucchiaino di amido di mais

Strofinare le costolette di agnello con una delle metà dell'aglio, quindi spennellare leggermente le costolette con olio e condire con sale e pepe.

Aggiungere l'agnello in una padella

Nel frattempo, versare nella padella il brodo di manzo e 1 bicchiere di birra; unire la melassa e l'aglio rimasto. Portare ad ebollizione.

In una piccola ciotola, unire l'amido di mais e la birra rimanente. Aggiungere alla salsa nella padella e frullare fino a quando non si addensa leggermente. Combina

23. Calamaro in pastella alla birra

Resa: 4 porzioni

Ingrediente

- 2½ libbre di calamaro
- 1½ tazza di farina di segale
- 1 cucchiaio Olio di arachidi
- Sale e pepe a piacere
- 12 once di birra

- 5 Albumi d'uovo, montati a neve ma non asciutti
- 4 tazze di olio vegetale
- 2 mazzi Prezzemolo riccio

In una ciotola, unire la farina, 1 cucchiaio. olio di arachidi, sale e pepe e frullare per unire. Sbattere la birra un po' alla volta. Montare con cura gli albumi. Scaldare l'olio in una friggitrice a 375 F. immergere i tentacoli degli anelli di calamaro nella pastella e friggere nel grasso profondo per 2 minuti e mezzo. Scolare su carta assorbente. Tenere caldo. Asciugare molto bene il prezzemolo e metterlo nel grasso profondo per 20 secondi. Scolare sugli asciugamani.

Disporre l'anello di calamaro su un piatto grande e guarnire con il prezzemolo.

24. Brasato di manzo alla birra in pentola di coccio

Resa: 6 porzioni

Ingredienti:

- 3 libbre Stufato di manzo magro di carne tagliata a pezzi
- 1 cucchiaino di sale
- ½ cucchiaino di pepe
- 2 cipolle medie, affettate sottilmente
- 1 8 once di funghi in lattina
- 1 Lattina da 12 once di birra

- 1 cucchiaio di aceto
- 2 dadi da brodo di manzo
- 2 cucchiaini di zucchero
- 2 spicchi d'aglio, tritati
- 1 cucchiaino di timo
- 2 foglie di alloro

Metti la carne nella pentola di coccio. Unire tutti gli altri ingredienti e versare sulla carne. Cuocere a fuoco basso per 8-10 ore o in alto per 4-5 ore. Prima di servire addensare i succhi se lo si desidera. Joyce dice che usa della farina o dell'amido di mais per farlo.

25. Gamberi alla birra

Resa: 1 porzione

Ingrediente

- tazza di birra
- 3 cucchiai di olio
- 2 cucchiai di prezzemolo
- 4 cucchiaini di salsa Worcestershire
- 1 Spicchio d'aglio, sale e pepe tritati
- 2 libbre di gamberi grandi, in guscio

Unire birra, olio, prezzemolo, salsa Worcestershire, aglio, sale e pepe. Aggiungere i gamberi, mescolare e coprire. Marinare per 60 minuti.

Scolare, riservare la marinata

Mettere i gamberetti su una griglia ben unta; cuocere per 4 minuti, a 4-5 pollici dalla fiamma. Girare e spazzolare; cuocere per 2-4 minuti in più o fino a quando non diventa rosa brillante.

26. Birra al peperoncino

Resa: 1 Porzione

Ingrediente

- 1 libbra Combinazione di manzo o manzo/maiale
- ¼ tazza di peperoncino in polvere
- 2 cucchiaini di cumino macinato
- 1 cucchiaino di aglio in polvere
- 1 cucchiaino di origano
- 1 cucchiaino di Cayenna o a piacere
- 1 lattina (8 once) di salsa di pomodoro

- 1 lattina di birra

- ½ cipolla; a dadini

Cuocere la cipolla in un po' di olio fino a renderla traslucida a fuoco medio, aggiungere la carne e alzare la fiamma e rosolare per circa due minuti, abbassare la fiamma a media e aggiungere le spezie tutte in una volta e mescolare per far risaltare i sapori delle spezie secche, ora aggiungere salsa di pomodoro e fate cuocere per qualche minuto facendo risaltare i sapori della passata di pomodoro cuocendo per pochi minuti.

A questo punto aggiungete la birra, portate a bollore e lasciate sobbollire per circa 1 ora o più.

27. Salame alla birra

Rendimento: 10 libbre

Ingrediente

- 3 libbre di petto di manzo in scatola, a cubetti
- 7 libbre di prosciutto, a cubetti, grassi inclusi fat
- 1½ cucchiaio di pepe nero
- 1 cucchiaio di macis macinato
- 1½ cucchiaio di semi di senape tritati
- 2 cucchiaini di aglio, tritato finemente

- 4 Piedi grossi budelli di manzo

Inizia a fumare a circa 80 gradi e aumenta gradualmente la temperatura a 160. Questo dovrebbe richiedere circa 4 ore. Fuma per altre 2 ore.

Raffreddare immergendo in una pentola di acqua fresca (non fredda) per circa 5 minuti fino a quando non è fresco al tatto. Asciugare bene il salame e conservarlo in frigorifero.

28. Salsiccia polacca in camicia di birra

Resa: 4 Porzioni

Ingrediente

- 12 once di birra
- 1 salsiccia Kielbasa, 1 1/4 libbre.
- 1 Olio vegetale
- 1 Succo di 1 limone

Preriscaldare la griglia. Mettere la birra in una padella abbastanza grande da contenere la salsiccia. Scaldare fino all'ebollizione; ridurre il calore. Bucherellate la salsiccia e fatela bollire nella birra 4 minuti per lato. Scolare.

Se si utilizzano patatine o pezzi precotti o altri aromi, cospargerli sul carbone caldo o sulla roccia di una griglia a gas. Spennellare leggermente la griglia con olio. Spennellare leggermente la salsiccia con l'olio.

Grigliare a fuoco medio per 5 minuti per lato. Servire: rovesciare la salsiccia al centro o tagliarla a spicchi spessi. Cospargere con succo di limone prima di servire.

29. Riso alla birra

Resa: 6 Porzioni

Ingrediente

- ½ tazza di cipolle tritate
- ½ tazza di peperoni verdi; tritato
- ½ tazza di burro; fuso
- 2 Cubetti di Brodo di Pollo Cubo
- 2 tazze di acqua bollente
- 1 tazza di riso; crudo

- tazza di birra
- ½ cucchiaino di sale
- ¼ cucchiaino di Pepe
- ¼ cucchiaino di timo in polvere

Soffriggere la cipolla e il peperone verde nel burro finché sono teneri

Sciogliere il brodo in acqua bollente; aggiungere al composto di cipolla e peperone verde.

Incorporare la birra e il condimento. Coprire e cuocere a fuoco basso per 30-40 minuti o fino a quando tutto il liquido non sarà assorbito.

30. Insalata di patate alla birra

Resa: 8 porzioni

Ingrediente

- 3 libbre di patate
- 2 tazze di sedano a dadini
- 1 cipolla piccola, tritata
- sale
- 1 tazza di maionese
- 2 cucchiai Senape pronta
- ¼ cucchiaino di salsa al peperoncino

- ½ tazza di birra

- 2 cucchiai di prezzemolo tritato

La birra aggiunta al condimento rende questa insalata di patate eccezionale.

Cuocere le patate con la buccia finché sono tenere. Quando è freddo, sbucciare e tagliare a cubetti. Aggiungere il sedano e la cipolla e aggiustare di sale. Frullate la maionese con la senape e la salsa al peperoncino. Incorporare gradualmente la birra. Aggiungere il prezzemolo.

Versare sopra il composto di patate. Mescolare leggermente con la forchetta. Freddo.

31. Petto di manzo su riso selvatico

Resa: 8 porzioni

Ingrediente

- 2½ libbre di petto di manzo fresco
- 1 cucchiaino di sale
- ¼ cucchiaino di aglio in polvere
- 1 Bottiglia (12 once) Birra
- 2 Med. Pomodori maturi, a fette
- ½ tazza di cipolla a dadini
- 1 cucchiaino di pepe

- 1 Bottiglia (12 Oz) Salsa Chili
- Riso Selvatico Amandine
- rametti di prezzemolo

Mettere il petto di manzo, con il grasso rivolto verso il basso, in una teglia profonda. Cospargere il petto con cipolla, sale, pepe e aglio in polvere. Versare la salsa chili sul petto. Coprire bene e cuocere in forno lento (325 gradi F.) per 3 ore. Versare la birra sul petto.

Mettere il petto su un grande piatto da portata e circondare con Amandine di riso selvatico. Guarnire con pomodori a fette e prezzemolo. Affettare il petto molto sottile e servire con il liquido di cottura caldo.

32. Anatra arrosto alla birra

Resa: 4 Porzioni

Ingrediente

- 1¾ cucchiaio di sale
- ¼ cucchiaino di pepe di Szechuan in grani
- libbra anatra
- 1 lattina di birra; qualsiasi tipo, 12 once

Unire il sale e i grani di pepe in una piccola padella e tostare a fuoco basso per circa 5 minuti o fino a quando il sale è leggermente dorato e i grani di pepe fumano leggermente. Agitare.

Lascia l'anatra appesa per 6-8 ore o finché la pelle non è asciutta. Foderare una teglia con un foglio di alluminio per riflettere il calore. Mettere il petto d'anatra rivolto verso il basso e versare $\frac{1}{3}$ della birra su di esso lentamente mentre lo strofini sulla pelle. Capovolgere l'anatra e versare e strofinare il resto della birra sul petto, sulle cosce, sulle cosce e sulle ali.

Arrostire 1 ora e mezza a 400 gradi, poi 30 minuti a 425 gradi e infine altri 30 minuti a 450 gradi.

33. Polpette alla birra

Resa: 6 Porzioni

Ingrediente

- 1.00 Uovo; battuto
- 1 lattina di formaggio cheddar condensato
- 1 tazza di pangrattato morbido
- cucchiaino di sale
- 1 libbra di carne macinata o chuck
- 1 cipolla media; affettato sottile
- ½ tazza di birra

- ½ cucchiaino di origano; essiccato, schiacciato
- Pepe in grani
- Tagliatelle cotte o riso

In una piccola ciotola, unire l'uovo e ¼ tazza di zuppa. Incorporare le briciole di pane.

Mettere la cipolla, separata in anelli, in una teglia da 12x7.5x2". Coprire

Unire la zuppa rimanente, la birra, l'origano e il pepe. Versare il composto della zuppa sul composto. Infornare.

34. Gamberi alla birra con pasta capelli d'angelo

Resa: 1 Porzione

Ingrediente

- 1 kg di gamberetti, sbucciati e svenati
- 1 Bottiglia (12 once) di birra chiara
- 1 tazza di cipolla affettata verticalmente
- 1½ cucchiaino di scorza di limone grattugiata
- ½ cucchiaino di sale
- ¼ cucchiaino di pepe nero
- 1 Spicchio d'aglio, tritato

- 2 cucchiai Olio extravergine di oliva

- 2 cucchiai di succo di limone

- 4 tazze di pasta per capelli d'angelo cotta a caldo

- Prezzemolo fresco tritato

Portare a ebollizione la birra in un forno olandese, a fuoco alto. Aggiungi i gamberi; coprire e cuocere 2 minuti. Rimuovere i gamberi con una schiumarola; mettere da parte e tenere in caldo. Aggiungere la cipolla e i successivi cinque ingredienti nella padella; portare ad ebollizione.

Cuocere, scoperto, 4 minuti

Togliere dal fuoco; aggiungere gradualmente l'olio e il succo di limone, mescolando continuamente con una frusta a filo. Aggiungere la pasta; lancia bene.

35. Pesce alla birra tedesca

Resa: 1 porzione

Ingrediente

- 1 carpa intera
- 2 cucchiai di burro
- 1 cipolla media, tritata
- 1 Gambi di sedano, tritati
- ½ cucchiaino di sale e 6 grani di pepe
- 3 chiodi di garofano interi
- 4 fette Limone
- 1 foglia di alloro

- 1 bottiglia di birra

- 6 Ginger-snaps, schiacciati

- 1 cucchiaio di zucchero prezzemolo fresco

Sciogliere il burro in una padella. Aggiungere cipolla, sedano, sale, pepe in grani e chiodi di garofano e mescolare. Guarnire con fettine di limone e alloro. Metti il pesce sopra. Aggiungi la birra. Coprire e cuocere 15-20 minuti,

Metti i gingersnaps e lo zucchero in una padella, aggiungi $1\text{-}\frac{1}{2}$ tazza di liquido filtrato.

Guarnire il pesce con il prezzemolo. Passare la salsa da versare sul pesce e le patate lesse come contorno.

36. Gamberi in pastella di birra e zafferano

Resa: 1 porzione

Ingrediente

- 2 libbre di gamberi crudi
- 7 once Farina normale
- 1 pizzico Sale marino/paprika
- 12 Zafferano in fili; (imbevuto di acqua calda)
- 16 once fluide Ale
- Olio d'oliva per friggere
- 1 Spicchi di limone e aioli

Preparare una pastella densa con la birra, il condimento e la farina e lasciare riposare per 30 minuti. Dovrebbe avere la consistenza di una besciamella.

Sgusciare i gamberi lasciando la coda e immergere il pesce nella pastella, scuotendo l'eccesso e friggere per 2 minuti in olio caldo e scolare su carta da cucina.

Servire con spicchi di limone.

37. Zuppa di birra alla cannella

Resa: 4 porzioni

Ingrediente

- 1½ cucchiaio (colmo) di farina
- 50 grammi di burro (3 1/2 cucchiai)
- 1 litro di birra
- 1 pezzetto di cannella
- Zucchero a piacere
- 2 tuorli d'uovo

- $\frac{1}{8}$ litro di latte (1/2 tazza più 1/2 cucchiaio)
- Pane francese bianco tostato

Rosolare la farina nel burro e poi aggiungere la birra. Aggiungere la cannella e lo zucchero e portare a bollore. Sbattere insieme il tuorlo d'uovo e il latte e aggiungere alla birra calda (ma non più bollente). Filtrare e servire con fette di pane abbrustolite.

38. Pescegatto alla birra

Resa: 1 porzione

Ingrediente

- 3 cucchiai Burro o margarina
- 5 ogni spicchio d'aglio, tritato
- 3 ciascuno cipolle verdi, tritate
- 2 filetti di pesce gatto, grandi
- ⅓ tazza di farina
- 4 ciascuno Funghi, grandi, a fette

- 3 once Birra, leggera
- ½ ogni limone
- 1 x salsa Worcestershire
- 1 x Riso, bianco

Rosolare l'aglio e la cipolla tritati finemente nel burro, ben caldo

Infarinare leggermente il pesce gatto, aggiungere alla padella con i funghi. Versare la birra e trattare i filetti con il succo di mezzo limone. Aggiungi un paio di gocce di Worcestershire. Soffriggere a fuoco medio, girando, fino a doratura su entrambi i lati

Servire su piatti caldi con riso. Usa il pan-sugo sul riso.

39. Birra il culo di pollo

Resa: 1 Porzione

Ingrediente

- pollo intero
- stagionatura
- strofinare a secco

Prendi un pollo. Strofina con le spezie preferite tra cui paprika e sale

Prendi una lattina di birra da 16 once. Bevi circa $\frac{1}{2}$ della birra.

Metti il pollo nella lattina. Pollo alla griglia.

Fumare a circa 275 circa, finché le cosce non girano facilmente. Di solito circa 5 o 6 ore

40. Carote alla birra

Resa: 4 porzioni

Ingrediente

- 4 carote ciascuno; grande
- 1 cucchiaio Burro
- 1 tazza di birra scura; qualsiasi marca
- cucchiaino di sale
- 1 cucchiaino di zucchero

Pelare e affettare le carote a fettine lunghe e sottili. Sciogliere il burro in una padella di media grandezza; aggiungere la birra e le carote.

Cuocere lentamente finché sono teneri, mescolando spesso. Mescolare sale e zucchero. Cuocere per altri 2 minuti e servire caldo.

41. Hamburger di birra al forno

Resa: 6 porzioni

Ingrediente

- 2 libbre di carne macinata
- Dash Pepper
- 1 cucchiaino di salsa Tabasco
- 1 Spicchio d'aglio, schiacciato
- ⅓ tazza di salsa chili Chi
- ½ confezione di zuppa secca di cipolle

- ½ tazza di birra

Preriscaldare il forno a 400'F.

Unire carne, pepe, salsa Tabasco, aglio, salsa di peperoncino, zuppa di cipolla secca e ¼ di tazza di birra. Formate 6 polpette.

Cuocere a 400'F fino a doratura, circa 10 minuti. Irrorare con il restante ¼ di tazza di birra.

Continuare la cottura per altri 10-15 minuti, finché non sarà ben cotta.

42. Panini arrosto alla birra

Resa: 3 porzioni

Ingrediente

- 4 libbre di arrosto di manzo disossato
- 1 piccola bottiglia di ketchup
- 1 lattina di birra
- Sale qb
- Pepe a piacere
- Aglio a piacere

Mettere l'arrosto in una pirofila di vetro o smaltata. Cospargere con condimenti. Versare su birra e ketchup. Coprire e mettere in forno a 350 gradi per 1 ora o più, finché sono teneri.

Affettare sottilmente su un panino caldo, versare la salsa sulla carne. Servire caldo.

INFUSO ZUPPE E SPEZZATI

43. Zuppa di crema di birra

Resa: 4 porzioni

Ingrediente

- 12 once Bottiglie di birra (1 scura e 2 chiare)
- 1 cucchiaio di zucchero
- ½ cucchiaino di pepe bianco
- ¼ cucchiaino Ogni cannella e sale
- cucchiaino di noce moscata
- 3 Uova, separate

- ½ tazza di panna pesante

Versare la birra in una casseruola, unire lo zucchero e le spezie e portare a ebollizione. Sbattere i tuorli nella panna, aggiungere un po' di birra calda al composto, sbattere bene e versare nuovamente il composto nel resto della birra, sbattendo continuamente con una frusta a filo a fuoco molto basso per evitare che si rapprenda. Refrigerare fino a freddo.

Al momento di servire montate gli albumi a neve ben ferma ma non asciutta e incorporateli alla zuppa.

44. Zuppa di birra cipolla e aglio garlic

Resa: 1 porzione

Ingrediente

- 4 libbre Cipolle; (circa 10), affettato
- 4 spicchi d'aglio grandi; tritato
- 2 cucchiai di olio d'oliva
- Una bottiglia di birra da 12 once (non scura)
- $5\frac{1}{4}$ tazza di brodo di manzo
- 2 cucchiai di zucchero

- 2 cucchiai di burro non salato

- 4 fette Pane di segale di un giorno; croste scartate

- Parmigiano grattugiato fresco

In un pentolino fate rosolare le cipolle e l'aglio nell'olio a fuoco moderato, mescolando di tanto in tanto, finché il composto non sarà dorato.

Incorporare la birra e il brodo; fate sobbollire il composto, coperto, per 45 minuti e aggiungete lo zucchero, il sale e il pepe a piacere. Mentre la zuppa cuoce, in una padella capiente sciogliere il burro a fuoco moderato, aggiungere i cubetti di pane e cuocerli, mescolando, finché non saranno dorati.

Dividere la zuppa in 6 ciotole e condirla con il parmigiano e i crostini.

45. Zuppa alla birra con bacon e cheddar

Resa: 33 porzioni

Ingrediente

- 6 once Olio vegetale Vegetable
- 1½ libbre Cipolle; tritato grossolanamente
- 1¼ libbre di patate; a dadini
- 1 libbra di carote; a dadini
- 1 libbra di sedano; affettato
- 1 lattina di salsa di formaggio bacon e cheddar
- 2 tazze di birra

- 1 litro di brodo di pollo

- 1¼ libbre di verdure miste; congelato

- ½ cucchiaino di paprika

- ½ cucchiaino di pepe bianco

- ¼ cucchiaino di aroma di fumo liquido

- 2 cucchiai Prezzemolo; tritato

Mettere l'olio vegetale in una pentola capiente. Aggiungere cipolle, patate, carote e sedano; saltare 25-30 minuti o fino a quando le verdure sono cotte.

Aggiungi gli ingredienti rimanenti. Combina accuratamente. Cuocere 20 minuti a fuoco basso, mescolando di tanto in tanto. Servire caldo.

46. Zuppa di cipolle alla birra bavarese

Resa: 6 Porzioni

Ingrediente

- 1 foglia di alloro
- ½ cucchiaino di basilico essiccato/timo/origano
- ½ cucchiaino di semi di finocchio
- ½ cucchiaino di noce moscata macinata
- ¼ tazza di pepe nero in grani
- 5 Cipolle; affettato 1/4" di spessore
- 1 cucchiaino di aglio; schiacciato

- 3 cucchiai Burro
- 1½ tazza di birra Pilsner
- ½ cucchiaio di condimento Maggi
- 4 cucchiai

Unire l'alloro, il basilico, il timo, l'origano, i semi di finocchio, la noce moscata ei grani di pepe in un pezzo di garza e legarlo con uno spago.

Soffriggere le cipolle e l'aglio nel burro fino a doratura profonda

Trasferire in una casseruola e aggiungere l'acqua e la birra. Portare ad ebollizione. Aggiungere la bustina di spezie, il Condimento Maggi e la base di manzo.

Fate sobbollire lentamente per 30 minuti

47. Stufato di birra belga

Resa: 1 Porzione

Ingrediente

- 3 libbre Chuck roast
- 1 garretto affumicato
- ½ tazza di olio
- 1 cipolla grande; affettato finemente
- 3 cucchiai di farina
- Birra
- 1 tazza di brodo di manzo
- ½ cucchiaino di pepe nero

- 2 cucchiaini di zucchero
- 2 cucchiai di fiocchi di prezzemolo
- 1 pizzico Maggiorana &1 pizzico Timo
- 1 spicchio d'aglio; tritato fine
- 4 Carote; tagliato in pezzi da 1"
- tazza di noci
- 2 cucchiai di aceto di vino rosso
- 2 cucchiai di whisky scozzese

Rosolare manzo e prosciutto sott'olio in padella larga

Setacciare la farina nell'olio fino a ottenere un roux marrone chiaro. Aggiungere gradualmente il manzo

Aggiungi altri ingredienti. Coprire e cuocere per 2 ore e mezza

48. Zuppa di broccoli alla birra

Resa: 10 Porzioni

Ingrediente

- 4 tazze di acqua
- 1 Cipolla, piccola; tritato
- 1 libbra Broccoli, freschi
- 1 oncia Brodo, manzo; granuli
- tazza di margarina
- $1\frac{1}{2}$ tazza di farina
- $\frac{1}{4}$ cucchiaino di aglio in polvere

- ¼ cucchiaino di pepe bianco
- Peperoncino di Cayenna; assaggiare
- 2 libbre di formaggio cheddar; a cubetti
- 4 tazze di latte
- 2 once di birra

Portare a bollore l'acqua e la cipolla in una pentola capiente. Aggiungere il condimento e metà dei broccoli. Portare di nuovo a ebollizione. Aggiungere la base della zuppa e abbassare il fuoco. In una casseruola a parte, fare un roux.

Quando il roux si addensa, unire gradualmente alla zuppa, montando con una frusta a filo per evitare grumi. Scaldare il latte e il formaggio appena al di sotto del punto di ebollizione finché il formaggio non si scioglie, mescolando continuamente.

Unire alla zuppa e aggiungere i broccoli rimasti. Poco prima di servire aggiungete la birra. Mescolare bene.

49. Zuppa di birra di mare

Resa: 6 porzioni

Ingrediente

- 1 tazza di zuppa di pomodoro condensata
- 1 tazza Zuppa di piselli verdi condensata
- 12 once Great Western Beer
- $\frac{1}{4}$ cucchiaino di sale all'aglio
- 1 tazza di gamberetti piccoli
- 1 tazza Metà e metà o panna

Mettere le zuppe condensate in una casseruola; mescolare nella birra. Aggiungere il sale all'aglio.

Scaldare a fuoco lento, mescolando fino a che liscio

Cuocere 3-4 minuti.

Poco prima di servire, aggiungere i gamberi non scolati e metà e metà. Scaldare alla temperatura di servizio; non bollire.

50. Biersuppe (zuppa di birra) & buttermilchsuppe

Resa: 1 ricetta

Ingrediente

- 2 tazze di latte dolce
- 2 cucchiaini di amido di mais
- ½ tazza di zucchero
- 3 Tuorli d'uovo
- 3 Albumi
- 2 tazze Birra

Latte bollente. Mescolare la maizena e lo zucchero, aggiungere i tuorli sbattuti e amalgamare bene prima di incorporare lentamente al latte.

In un tegame a parte scottare la birra. Unire al composto di latte. Agli albumi montati aggiungere 1 cucchiaio di zucchero e versare a cucchiaiate sopra la zuppa.

BIRRE FATTE IN CASA

51. Birra alla banana

Resa: 35 bicchieri

Ingrediente

- 5 banane mature; purè
- 5 arance; succo di
- 5 Limoni; succo di
- 5 tazze di acqua zuccherata

Mescolare e congelare. Riempi un bicchiere grande $1/3$ pieno (o più) con la miscela congelata e aggiungere 7-Up, Sprite, Ginger ale, ecc.

52. Birra di frumento Alcatraz

Resa: 1 Porzione

Ingrediente

- 3 libbre Estratto di grano essiccato
- 2 libbre di malto di frumento
- 1 libbra di malto d'orzo
- 1 libbra Estratto di malto essiccato
- 2½ oncia mt. Luppolo del cappuccio
- Lievito di birra Wyeast Wheat

Prepara un lievito madre due giorni prima. Schiaccia i tre chili di malto alla Miller. Far bollire per un'ora, aggiungendo 1-½ oncia di luppolo all'inizio, ½ oncia a 30 minuti e ½ oncia a 5 minuti. Raffreddare e peccare il lievito.

Fermento. Bottiglia. Ho innescato metà del lotto (5 gal) con ⅓ tazza di zucchero di mais e l'altra metà con ½ tazza di miele di trifoglio. Dopo due settimane, la birra era ottima. La birra innescata con miele, tuttavia, era troppo gassata.

53. A & w birra alla radice

Resa: 1 Porzione

Ingrediente

- tazza di zucchero
- ¾ tazza di acqua calda
- 1 litro di acqua fredda di seltz
- ½ cucchiaino di concentrato di Root Beer
- ⅛ cucchiaino di concentrato di Root Beer

Sciogliere lo zucchero nell'acqua calda. Aggiungere il concentrato di root beer e lasciare raffreddare.

Unire la miscela di birra alla radice con l'acqua fredda di seltz, bere immediatamente o conservare in frigorifero in un contenitore ben coperto.

54. Birra all'aglio

Resa: 1 Porzione

Ingrediente

- ½ libbre di estratto di malto Pale
- 4 grandi bulbi di aglio sbucciati e puliti
- 1 oncia di luppolo Northern Brewer
- birra londinese

Separare e sbucciare gli spicchi di quattro spicchi d'aglio interi e incidere leggermente la superficie degli spicchi d'aglio per aumentare la superficie durante l'ebollizione.

Aggiungere l'estratto, metà dell'aglio e $\frac{1}{2}$ oncia di luppolo. Bollitura totale di 60 minuti

Dopo l'ebollizione, raffreddare il mosto e filtrare il mosto raffreddato in un primario da 6-$\frac{1}{2}$ galloni. Dopo tre giorni di fermento vigoroso in 6$\frac{1}{2}$ galloni

55. Birra comune californiana

Resa: 1 Porzione

Ingrediente

- 3⅛ libbre Superbrau Plain Light
- 3 sterline Briess Gold DME
- ½ libbre di malto Crystal -- schiacciato
- ¼ libbre di malto d'orzo
- 1½ oncia di luppolo da birra nordico
- ½ oncia Luppolo a cascata -- ultimi 5 min

- 1 confezione Wyeast 2112 o 1 Amsterdam Lager
- 4 once Zucchero per priming

Mettere il malto d'orzo su una teglia da forno a 350 gradi per 10 min. Sfornare e schiacciare leggermente con il mattarello. Metti i grani frantumati in un sacchetto di mussola, mettili in 1 litro di acqua fredda e porta a ebollizione. Rimuovere i grani. Togli la pentola dal fuoco, aggiungi lo sciroppo e il DME e mescola fino a quando non si scioglie.

Rimettere sul fuoco e aggiungere $1\frac{1}{2}$ oncia di luppolo di birra nordica e far bollire per 30-45 minuti. Aggiungere $\frac{1}{2}$ oncia di luppolo a cascata per gli ultimi 5 minuti di ebollizione. Aggiungere a 4 litri di acqua fredda.

56. Birra alla radice di sei ore

Resa: 1 Porzione

Ingrediente

- 2 tazze di zucchero
- 1 cucchiaino di lievito
- 2 cucchiai di estratto di Root Beer

Mettere gli ingredienti in una caraffa da un gallone con circa un litro di acqua molto calda. Mescolare fino a quando gli ingredienti sono ben amalgamati.

Finisci di riempire la brocca con acqua tiepida. Lasciar riposare sei ore (basta appoggiare il coperchio sopra, non avvitare). Trascorse le sei ore, avvitare il coperchio e conservare in frigorifero.

57. Birra Maerzen

Resa: 54 Porzioni

Ingrediente

- 4 libbre di malto Pale
- 3 libbre Estratto secco leggero
- ½ libbre di malto Crystal (40L)
- 2 once di cioccolato malto
- ½ libbre di malto tostato
- ½ libbre di malto di Monaco

- 2 once di malto di destrina
- 2½ once di luppolo Tettnanger (4,2 alfa)
- ½ oncia   Luppolo a cascata (5,0 alfa)
- 3 cucchiaini   Gesso
- Lievito Vierka dry lager

Preparare il lievito di birra 2 giorni prima

Aggiungere 8 pinte di acqua bollente e scaldare a 154 gradi. Impostare per almeno 30 minuti. Portare a 170 gradi per 5 minuti per schiacciare. Spargere con 2 galloni d'acqua. Aggiungere l'estratto secco, portare ad ebollizione. Far bollire 15 minuti e aggiungere un'oncia di Tettnanger. Far bollire un'ora. Aggiungere 1 oncia di Tettnanger a 30 minuti. Aggiungere ½ oncia di Tettnanger e ½ oncia di Cascade a 5 minuti. Filtrare e raffreddare.

58. Birra casereccia

Resa: 1 Porzione

Ingrediente

- 1 Becca buona crusca di frumento
- 3 Manciata di luppolo
- 2 quarti di melassa
- 2 cucchiai di lievito
- 10 galloni di acqua

Metti la crusca e il luppolo nell'acqua e fai bollire finché la crusca e il luppolo non affondano sul fondo. Filtrare attraverso un panno sottile in un dispositivo di raffreddamento.

Quando è tiepido, aggiungi la melassa. Non appena la melassa si sarà sciolta, versare il tutto in una botte da 10 galloni e aggiungere il lievito.

A fermentazione ultimata tappate la botte e sarà pronta in 4-5 giorni.

59. Birra ai mirtilli rossi

Resa: 1 Porzione

Ingrediente

- 6 libbre di estratto di malto secco extra leggero
- 1 libbra di malto di Monaco
- 1 oncia Fuggles bollente
- 3 Sacchetti di mirtilli congelati
- 1 oncia Fuggles come luppolo finale
- Lievito

Scongelare le bacche e frullare con acqua a sufficienza per fare poco più di 2 litri di granite.

Nel frattempo, fai un normale infuso di estratto usando il malto di Monaco come cereale speciale.

Alla fine dell'ora di ebollizione, aggiungere il luppolo finale e versare il liquido di mirtilli rossi per l'ultimo minuto o due mentre si spegne il fuoco.

Imbottigliare dopo una settimana

60. Cordiale alla birra allo zenzero

Resa: 1 Porzione

Ingrediente

- 2 once di radice di zenzero, sbucciata e tritata
- 1 libbra di zucchero semolato
- ½ oncia di acido tartarico
- Succo di 1 limone
- 1 limone, affettato

Mettere lo zenzero, lo zucchero, l'acido tartarico e il limone in una ciotola e coprire con 1 litro di acqua bollente. Mescolare fino a quando lo zucchero si è sciolto.

Lasciare agire per circa tre o quattro giorni, quindi filtrare e versare il liquido in bottiglie sterilizzate. Sarà pronto e davvero delizioso da bere già dopo pochi giorni e può essere tranquillamente diluito con acqua naturale o gassata.

61. Raffreddatore di birra al pomodoro

Resa: 6 Porzioni

Ingrediente

- 1½ tazze di succo di pomodoro, freddo
- 2 lattine (12 oz ciascuna) di birra

Contorno:

- cipolle verdi
- salsa di peperoni rossi
- sale e pepe

Mescolare 1½ tazze di succo di pomodoro, refrigerato e 2 lattine (12 once ciascuna) di birra, refrigerate. Versare in bicchieri freddi. Servire immediatamente con cipolle verdi per mescolatori e, se lo si desidera, con salsa di peperoni rossi, sale e pepe.

COCKTAIL ALLA BIRRA

62. Margarita alla birra

Resa: 1 Porzione

Ingrediente

- 6 once Può congelato Limeade concentrato
- 6 once di tequila
- 6 once di birra

Unire gli ingredienti nel frullatore, aggiungere un paio di cubetti di ghiaccio e frullare brevemente. Lasciar solidificare per qualche minuto.

Versare il contenuto sul ghiaccio in un bicchiere bordato di sale.

63. Chelada classica

ingredienti

- 12 once di birra chiara messicana
- 1 oncia (2 cucchiai) di succo di lime
- 1 pizzico di sale
- Ghiaccio, per servire (prova con ghiaccio chiaro)
- Per il bordo: 1 cucchiaio di sale marino fino e Old Bay

Istruzioni

Su un piatto, mescolare l'Old Bay e il sale e stenderlo in uno strato uniforme. Taglia una tacca in uno spicchio di lime, quindi fai scorrere il lime attorno al bordo di un bicchiere. Immergere il bordo del bordo in un piatto di sale.

Aggiungere il succo di lime e un pizzico di sale nel bicchiere di birra. Riempire il bicchiere di ghiaccio e versare la birra. Mescolare delicatamente e servire.

64. Michelada

ingredienti

- 12 once di birra chiara messicana
- 1 ½ once (3 cucchiai) di succo di lime
- ½ oncia (1 cucchiaio) di succo di salsa
- 1 cucchiaino di salsa Worcestershire
- 1 cucchiaino di salsa piccante (come Cholula)
- Ghiaccio, per servire

Istruzioni

In un piatto, mescolare l'Old Bay, il peperoncino in polvere e il sale di sedano e stenderlo in uno strato uniforme. Taglia una tacca in uno spicchio di lime, quindi fai scorrere il lime attorno al bordo di un bicchiere. Immergere il bordo del bordo in un piatto di condimenti.

Nel bicchiere, mescola insieme il succo di lime, il succo di salsa (usa un colino a maglie fini per filtrare il succo di salsa da alcuni cucchiai di salsa), la salsa Worcestershire e la salsa piccante.

Riempi il bicchiere di ghiaccio. Completare con la birra e mescolare delicatamente.

65. Bevanda di velluto nero

ingredienti

- 3 once di spumante, come champagne o prosecco
- 3 once di birra robusta, come la Guinness

Istruzioni

Versare lo spumante in un flute o highball.

Versare la stout. Se lo si desidera, mescolare con un cucchiaio da bar o lasciare riposare per un minuto circa per consentire ai sapori di sposarsi

Servire subito.

66. Shandy classico

ingredienti

- 6 once di birra chiara o birra chiara
- 6 once di ginger ale, birra allo zenzero, soda al limone e lime (Sprite) o limonata frizzante
- Per la guarnizione: spicchio di limone (facoltativo)
- Opzionale: 1 pizzico di bitter aggiunge un sapore complesso

Istruzioni

Aggiungere la birra e il mixer a un bicchiere e mescolare delicatamente per unire. Guarnire con uno spicchio di limone.

67. Shandy al pompelmo

ingredienti

- 1 oncia di sciroppo semplice
- 3 once di succo di pompelmo
- 2 once di acqua gassata
- 6 once di birra di frumento artigianale (o birra chiara)
- Per la guarnizione: spicchio di pompelmo (facoltativo)

Istruzioni

In un bicchiere da birra, mescolare lo sciroppo semplice e il succo di pompelmo.

Aggiungere la soda e la birra e mescolare delicatamente per unire. Guarnire con una fetta di pompelmo e servire.

68. Spritz alle fragole e cetrioli

Ingredienti:

- 6 oz Stella Artois Spritzer
- 1 oncia di gin
- 0,5 once di liquore ai fiori di sambuco
- 2 fette di cetriolo
- 2 fragole

Indicazioni:

In uno shaker, pestare accuratamente le fette di cetriolo e le fragole. Aggiungere il gin, il liquore ai fiori di sambuco e shakerare con del ghiaccio.

Filtrare in un bicchiere. Aggiungi Stella Artois Spritzer.

Guarnire con nastro di cetriolo infilzato e fetta di fragola.

69. Beergarita

Ingredienti:

- 1 oncia. Tequila
- 1 oncia. Crema di pompelmo Tattersall
- 0,5 once. Succo di lime
- 6 once. birra chiara

Indicazioni:

Unire tutti gli ingredienti in un bicchiere con ghiaccio. Guarnire con uno spicchio di lime.

Bordo salino opzionale

70. Bacardi Lime Shot con Birra

Ingredienti:

- 12 parti di birra
- 1 parte di lime Bacardi

Indicazioni:

Versare la birra in un bicchiere. Versare il rum BACARDÍ al lime in un bicchierino da shot e poi versare nella birra.

71. Fedelito

Ingredienti:

- 12 once. Modello Negra
- 1 ½ oncia. Casa Noble Reposado Tequila
- ½ oncia. PIMM'S THE ORIGINAL No. 1 Cup
- 1 oncia. succo di lime
- 1 oncia. Sciroppo di vaniglia
- 2 gocce di bitter
- Foglie di menta

Indicazioni:

Mescolare tutti gli ingredienti in uno shaker con ghiaccio, escluso il Modelo Negra e le foglie di menta.

Agitare e versare sul ghiaccio. Top con Modelo Negra.

Servire la birra rimanente con il cocktail. Guarnire con foglioline di menta.

72. Beermosa

Ingredienti:

- 6 once di birra di frumento
- 2 once di Cava
- 2 once di succo di pompelmo fresco da spremere

Indicazioni:

Mescolare la birra e il cava, inserire il succo di pompelmo e mescolare.

73. Caldaia Sunshine

Ingredienti:

- 1 lattina di birra chiara
- 1,5 once. di bourbon
- Spumante Ghiaccio Limone Lime
- Limone (guarnire)

Indicazioni:

In un bicchiere da pinta, versare la birra inclinata per eliminare la schiuma. Aggiungi 1,5 once. di borbone. Completare con ghiaccio frizzante al limone e lime. Guarnire con una fetta di limone.

74. Cinco

Ingredienti:

- 12 once. Modello Negra
- 1 oncia. tequila reposado infusa con jalapeno
- 1 oncia. liquore cileno
- 1 oncia. succo di lime fresco
- ½ oncia. Agave
- Sale piccante al peperoncino
- Ruota al lime

Indicazioni:

Borda un bicchiere highball con sale piccante al peperoncino. Aggiungere la tequila, il liquore del Cile, il lime fresco e l'agave in uno shaker.

Agitare e filtrare su ghiaccio fresco. Completa con la birra. Servire il restante Modelo Negra con il cocktail.

Guarnire con bordo di sale al peperoncino piccante e fetta di lime.

DOLCI

75. Fudge birra e crauti

Resa: 10 Porzioni

Ingrediente

- ⅔ tazza di burro
- 1½ tazza di zucchero
- 3 uova
- 1 cucchiaino Vaniglia
- ½ tazza di cacao

- 2¼ tazza di farina setacciata
- 1 cucchiaino di lievito in polvere
- 1 cucchiaino di soda
- 1 tazza di birra
- ⅔ tazza di crauti
- 1 tazza di uvetta
- 1 tazza di noci tritate

Frulla tutto.

Trasformare in due tortiere da 8 o 9 pollici imburrate e infarinate. Infornare a 350 per 35 minuti. Raffreddare e glassare a piacere.

76. Biscotti alla birra

Resa: 4 Porzioni

Ingrediente

- 2 tazze di farina non sbiancata
- 3 cucchiaini di lievito in polvere
- 1 cucchiaino di sale
- tazza di accorciamento
- tazza di birra

Preriscaldare il forno a 450 gradi F. Setacciare insieme gli ingredienti secchi. Tagliare in accorciamento fino a quando non ha la consistenza della farina di mais.

Incorporare la birra, impastare leggermente e stendere a uno spessore di mezzo pollice. Cuocere 10 - 12 minuti o fino a doratura.

77. Torta speziata alla birra

Resa: 12 Porzioni

Ingrediente

- 3 tazze di farina
- 2 cucchiaini di bicarbonato di sodio
- ½ cucchiaino di sale
- 1 cucchiaino di cannella
- ½ cucchiaino di pimento
- ½ cucchiaino di chiodi di garofano
- 2 tazze di zucchero di canna, confezionato

- 2 uova, sbattute
- 1 tazza di accorciamento
- 1 tazza di uvetta o datteri tritati
- 1 tazza di noci pecan/noci tritate
- 2 tazze di birra

Setacciare insieme gli ingredienti secchi. Crema insieme grasso e zucchero; aggiungere le uova.

Mescolare frutta e noci con 2 cucchiai della miscela di farina. Aggiungere la farina alternata alla birra. Mescolare frutta e noci.

Versare in una teglia da 10 pollici unta e infarinata e cuocere a 350F per 1 ora, o fino a quando non sono stati eseguiti i test della torta.

78. Zuppa di birra e formaggio con popcorn

Resa: 7 Porzioni

Ingrediente

- tazza di margarina
- 1 tazza di cipolla; tritato
- ½ tazza di sedano; tritato
- ½ tazza di carota; tritato
- ¼ tazza di prezzemolo fresco; tritato
- 2 spicchi d'aglio; tritato

- tazza di farina
- 3 cucchiaini di senape secca
- Pepe a piacere
- 2 tazze metà e metà
- 1 tazza di brodo di pollo
- $2\frac{1}{2}$ tazza di formaggio americano
- 12 once di birra
- 2 tazze di popcorn; spuntato

Sciogliere la margarina in una casseruola grande o in un forno olandese a fuoco medio. Aggiungere tutto

Cuocere scoperto a fuoco medio 10-15 minuti o fino a quando la zuppa si è addensata e ben riscaldata

79. Mele ripiene al forno alla birra

Resa: 6 Porzioni

Ingrediente

- 6 medie Mele da cucina
- ½ tazza di uvetta
- ½ tazza di zucchero di canna confezionato
- 1 cucchiaino di cannella
- 1 tazza di birra Great Western

torsolo di mele

Rimuovere la striscia di buccia da 1 pollice intorno alla parte superiore.

Mescolare l'uvetta, lo zucchero di canna e la cannella. Riempi i centri di mela

Metti le mele in una teglia. Versaci sopra la Great Western Beer.

Cuocere in forno a 350 gradi F per 40-45 minuti, o finché sono teneri, ungendo di tanto in tanto.

80. Cheddar e cheesecake alla birra

Resa: 16 Porzioni

Ingrediente

- 1¼ tazza di briciole di biscotti allo zenzero
- 1 tazza più 2 cucchiai di zucchero, divisi
- 1 cucchiaino di zenzero in polvere
- ¼ tazza di burro non salato o margarina,
- 24 once Crema di formaggio
- 1 tazza di formaggio cheddar affilato grattugiato

- 5 grandi Uova, a temperatura ambiente
- ¼ tazza di birra analcolica
- ¼ tazza di panna pesante

Unire i biscotti sbriciolati, 2 cucchiai di zucchero, lo zenzero e il burro. Premere con decisione sul fondo della padella preparata. Fate raffreddare mentre preparate il ripieno.

Sbattere entrambi i formaggi fino a che liscio. Aggiungere lo zucchero, le uova, una alla volta, sbattendo fino a quando ciascuna di esse non si sarà amalgamata. A bassa velocità, incorporare la birra e la panna. Versare nella padella preparata.

Cuocere per 1 ora e mezza o fino a quando il centro è rappreso e la parte superiore è leggermente dorata, ma non marrone.

81. Birra alla frutta britannica

Resa: 1 Porzione

Ingrediente

- 3⅓ libbre di malto normale ambrato
- 2 libbre di birra ambrata M&F
- 1 libbra di malto Crustal, frantumato
- 2 once di luppolo da birra nordico
- 1 oncia   Fuggles luppoli
- 4 libbre Mirtilli, lamponi o

- 1 confezione di lievito EDME ale

- 4 once   Zucchero di adescamento

Metti i grani schiacciati in un sacchetto di mussola e mettili in 1 litro di acqua fredda. Portare a ebollizione, rimuovere i grani.

Togliere la pentola dal fuoco e aggiungere lo sciroppo e il DME. Mescolare fino a quando non si è sciolto. Rimetti la pentola sul fuoco e aggiungi 60 g di luppolo di birra nordica. Far bollire per 30-45 minuti. Aggiungere il luppolo figgles per gli ultimi 5 minuti di ebollizione. Aggiungi la frutta al mosto quando la bollitura è terminata.

Lasciare in infusione per mezz'ora e aggiungere 4 litri di acqua fredda.

82. Pane alla birra di base

Resa: 1 Porzione

Ingrediente

- 3 tazze di farina
- 3¾ cucchiaino di lievito in polvere
- 2¼ cucchiaino di sale
- 1 lattina di birra
- 1 cucchiaio di miele

Ungere la teglia. Unire la farina, il lievito, il sale, la birra e il miele in una ciotola capiente, mescolare fino a che non siano ben amalgamati.

Cuocere in forno preriscaldato 350 F per 45 minuti. Accendere la griglia e raffreddare.

83. Muffin alla birra al formaggio

Resa: 6 Porzioni

Ingrediente

- 1 tazza di farina per tutti gli usi
- ¾ tazza di formaggio cheddar magro
- 4 cucchiaini di zucchero
- 1¼ cucchiaino di lievito in polvere
- ¼ cucchiaino di bicarbonato di sodio
- cucchiaino di sale
- ⅔ tazza di birra

- 1 uovo, sbattuto

Scaldare il forno a 375F

Spruzzare 6 pirottini per muffin con uno spray da cucina antiaderente.

Versare leggermente la farina in un misurino; livellare. In una ciotola unire la farina, il formaggio, lo zucchero, il lievito, il bicarbonato e il sale; mescolare bene. Aggiungere la birra e l'uovo; mescolare solo fino a quando gli ingredienti secchi sono inumiditi. Dividere l'impasto in modo uniforme negli stampini da muffin spruzzati, riempiendo ciascuno di circa $\frac{3}{4}$.

Infornare a 375 ° C per 17 - 22 minuti o fino a quando non saranno dorati e lo stuzzicadenti inserito al centro esce pulito. Servire tiepido o a temperatura ambiente.

84. Pane alla birra all'aneto

Resa: 12 Porzioni

Ingrediente

- 3 tazze di farina
- 1 cucchiaio di zucchero
- 1½ cucchiaio di lievito in polvere
- cucchiaino di sale
- 12 once di birra
- 3 cucchiai di aneto fresco

Preriscaldare il forno a 375 gradi. Imburrare una teglia o spruzzare con olio vegetale spray. Setacciare la farina, lo zucchero, il lievito e il sale in una ciotola. Incorporare la birra e l'aneto. Raschiare la pastella nella teglia preparata e cuocere al centro del forno per 55-60 minuti, o fino a doratura in superficie e il coltello inserito al centro non esce pulito.

Lasciare riposare nella padella 10 minuti, quindi raffreddare su una gratella.

SPUNTINI

85. Noccioline per birra

Resa: 1 Porzione

Ingrediente

- 2 tazze di arachidi crude (con la buccia)
- 1 tazza di ZUCCHERO
- ½ tazza di ACQUA
- Poche gocce di colorante alimentare ROSSO

Mescolare - Cuocere in una padella pesante a fuoco medio fino a quando l'acqua è andata via (circa 10-15 min) Spalmare su una teglia Cuocere 1 ora a 250

86. Asparagi fritti in pastella di birra

Resa: 1 Porzione

Ingrediente

- 1 ciascuno per 2 libbre di asparagi
- 1 tazza di farina
- 1 lattina di birra
- Sale e pepe
- Polvere d'aglio
- Sale aromatizzato

- Condimento italiano, a piacere

- Olio d'oliva

Mescolare fiori e condimenti insieme. Aggiungere la birra per friggere gli ingredienti mescolando lentamente fino a quando non è abbastanza densa da aderire agli asparagi. Tagliare gli asparagi a pezzi di due pollici o lasciarli interi.

Friggere in due pollici di olio d'oliva fino a doratura, girando una volta

87. Biscotti spritz all'arancia Orange

Resa: 1 Porzione

Ingrediente

- 2¼ tazza di farina
- 1 cucchiaio di lievito in polvere
- cucchiaino di sale
- tazza di burro
- ½ tazza di zucchero
- 1 uovo
- 2 cucchiaini di scorza d'arancia grattugiata

- ½ cucchiaino di estratto di mandorle

Unire farina, lievito e sale; mettere da parte.

Montare il burro e lo zucchero fino ad ottenere un composto chiaro e spumoso, sbattere l'uovo, la buccia d'arancia e l'estratto di mandorle

Aggiungi gli ingredienti secchi e batti fino a quando non saranno combinati.

Non raffreddare l'impasto.

Impacchettare l'impasto nella pressa per biscotti. Forza l'impasto attraverso la pressa su una teglia non unta. A piacere decorare con zucchero colorato o caramelle.

Infornare a 400~ per 6-8 minuti. Rimuovere su griglie per raffreddare.

88. Torte alla birra

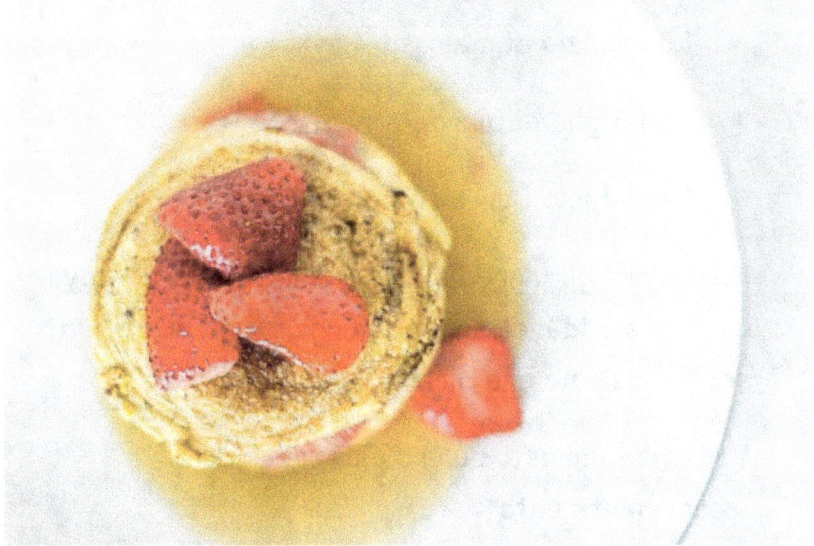

Resa: 4 Porzioni

Ingrediente

- 1¾ tazza di farina per tutti gli usi
- 1½ cucchiaino di lievito in polvere
- ½ cucchiaino di bicarbonato di sodio
- ½ cucchiaino di sale
- 1 tazza di zucchero di canna confezionato
- ½ tazza di birra
- 1 uovo

- 3 cucchiai di olio

- 1 cucchiaio di melassa

- 1 bottiglia di birra

- 1 cucchiaio Burro (facoltativo)

Mescolare gli ingredienti secchi. Sbattere l'uovo con l'olio e la melassa. Aggiungere agli ingredienti secchi insieme alla birra.

Versare l'impasto su una piastra calda e leggermente unta

Distribuire con il dorso del cucchiaio fino a $3\frac{1}{2}$-4 pollici di diametro. Cuocere fino a doratura, girando una volta.

Per lo sciroppo, unire gli ingredienti in una casseruola e far bollire per minuti.

89. Smokies in birra e miele

Resa: 6 Porzioni

Ingrediente

- 1 libbra di fumogeni in miniatura
- 12 once di birra
- ½ tazza di miele

Brown smokies in padella abbastanza grande da contenere tutti gli ingredienti

Versare birra e miele sugli affumicati e portare a ebollizione. Ridurre il calore e coprire.

Fate sobbollire per 15 minuti. Trasferire nel piatto da portata e allontanarsi.

90. Anelli di cipolla in pastella di birra

Resa: 2 Porzioni

Ingrediente

- 1⅓ tazza di farina per tutti gli usi
- 1 cucchiaino di sale
- ¼ cucchiaino di Pepe
- 1 cucchiaio di olio
- 2 tuorli d'uovo
- tazza di birra

- 2 grandi cipolle bianche affettate spesse 1/4 di pollice

- Olio per friggere

Mescolare insieme la farina, il sale, il pepe, l'olio e i tuorli. Incorporare gradualmente la birra. Lasciare riposare la pastella per 3 ore e mezza prima di utilizzarla.

Affettate le cipolle, e passatele nella pastella. Friggere in olio 375F fino a doratura. Questa pastella funziona bene anche su altre verdure oltre agli anelli di cipolla ed è ottima anche sul pesce.

SALSE, SPALMABILE E SPEZIE

91. Salsa di formaggio e birra

Resa: 1 Porzione

Ingrediente

- 1 tazza di ricotta; piccola cagliata
- 3 once Crema di formaggio
- 2¼ oncia di prosciutto alla diavola
- ¼ tazza di birra; Nuovo solstizio di Glarona
- ½ cucchiaino di salsa piccante
- 1 pizzico Sale
- Prezzemolo; per guarnire

Metti tutti gli ingredienti tranne il prezzemolo in una ciotola e batti fino a che liscio. Mettere in una ciotola e guarnire con prezzemolo

92. Tempura pastella alla birra

Resa: 1 Porzione

Ingrediente

- 1¼ tazza Farina
- 1 cucchiaino di sale
- 1 cucchiaino di pepe nero macinato finemente
- ½ cucchiaino di Caienna
- 1 birra chiara da 12 once; (freddo)
- Olio vegetale per friggere; (360 gradi F.)

Sbattere velocemente; non esagerare con Mix!
Lascia i grumi e usa la pastella immediatamente.

93. Salsa barbecue tedesca

Resa: 12 Porzioni

Ingrediente

- 2 Bottiglie (14 once) ketchup
- 1 Bottiglia (12 once) peperoncino salsa
- ½ tazza di senape pronta
- 1 cucchiaino di senape secca
- 1 cucchiaino di sale
- 1½ tazza Zucchero di canna; ben imballato

- 2 cucchiai di pepe nero
- 1 bottiglia (5 once) di salsa di bistecca
- ½ tazza di salsa Worcestershire
- 1 cucchiaio di salsa di soia
- 1 bottiglia (12 once) di birra
- 2 cucchiaini di aglio tritato

Unire tutti gli ingredienti, tranne l'aglio, in una casseruola e cuocere a fuoco lento per 30 minuti a fuoco medio. Aggiungere l'aglio tritato prima dell'uso.

Imbastire la carne durante gli ultimi 15 minuti di cottura alla griglia.

94. Mop di birra di base

Resa: 3 Porzioni

Ingrediente

- 12 once di birra
- ½ tazza di aceto di sidro
- ½ tazza di acqua
- tazza di olio di canola
- ½ cipolla media, tritata
- 2 Spicchi d'aglio, tritato

- 1 cucchiaio di salsa Worcestershire

- 1 cucchiaio di Dry Rub

Unire tutti gli ingredienti in una casseruola. Scaldare il mocio e usarlo caldo.

95. Pastella alla birra per pesce

Resa: 6 Porzioni

Ingrediente

- 1 tazza di farina per tutti gli usi
- ¾ cucchiaino di lievito in polvere
- ½ cucchiaino di sale
- ½ tazza di acqua
- ½ tazza di birra
- 1 ogni uovo
- Olio vegetale per friggere

- 2 libbre di filetti di pesce

Una delle migliori ricette di pastella in corso

In una ciotola mescolate la farina, il lievito e il sale. Fate un buco al centro; versare l'acqua, la birra e l'uovo, sbattendo per ottenere una pastella liscia. Lasciar riposare 20 minuti.

Scaldare l'olio in una casseruola grande a 350F

Immergete i filetti di pesce nella pastella, aggiungendoli uno alla volta nell'olio ben caldo. Cuocere per circa 5 minuti, girando una o due volte, fino a quando saranno dorati e croccanti. Rimuovere su un piatto foderato di carta assorbente.

96. Crema di birra ed edam

Resa: 3 tazze

Ingrediente

- 2 Formaggio Edam tondo da 7 once
- 8 once di panna acida da latte in cartone
- tazza di birra
- 2 cucchiaini di erba cipollina sminuzzata
- erba cipollina tagliata
- cracker assortiti

Portare il formaggio a temperatura ambiente. Taglia un cerchio dalla parte superiore di ogni tondo di formaggio, a circa ½ pollice dal bordo. Rimuovere il cerchio tagliato del rivestimento di paraffina

Scavare con cura il formaggio, lasciando intatto mezzo pollice di formaggio per formare un guscio

Metti la panna acida, la birra, l'erba cipollina e il formaggio in un contenitore per frullatore o in una ciotola del robot da cucina. Coprire e lavorare fino a che liscio, fermando la macchina di tanto in tanto per raschiare i lati.

Versare il composto di formaggio nei gusci

Coprire e raffreddare diverse ore o durante la notte.

Guarnire con erba cipollina, se lo si desidera. Servire con cracker.

97. Salsa di birra al formaggio e peperoncino

Resa: 1 Porzione

Ingrediente

- 2 tazze di Cheddar affilato grattugiato
- ¾ tazza di birra (non scura)
- 2 tazze di Jarlsberg grattugiato
- ½ tazza di pomodori in scatola scolati
- 2 cucchiai di farina per tutti gli usi
- 1 bottiglia di peperoncino jalapeno sottaceto, tritato
- 1 cipolla piccola; tritato

- Tortilla chips come accompagnamento

- 1 cucchiaio di burro non salato

In una ciotola mescolate i formaggi con la farina e conservate il composto.

In una pentola capiente e pesante cuocere la cipolla nel burro a fuoco moderatamente basso, mescolando, finché non si ammorbidisce, aggiungere la birra, i pomodori e il jalapeño e far sobbollire il composto per 5 minuti.

Aggiungere la miscela di formaggio riservata di $\frac{1}{2}$ tazza alla miscela di birra, mescolando dopo ogni aggiunta fino a quando i formaggi non si sono sciolti, servire la salsa con le patatine. Per $4\frac{1}{2}$ tazze

98. Salsa di pesce alla birra

Resa: 1 Porzione

Ingrediente

- 1 tazza di maionese
- tazza Catsup
- tazza di birra
- 1 cucchiaio Senape pronta
- 1 cucchiaio di succo di limone

- 1 cucchiaino di rafano preparato

Unire tutti gli ingredienti.

Raffreddare e servire con il pesce.

99. Marinata alla birra per manzo

Resa: 8 Porzioni

Ingrediente

- 2 lattine di birra (lattine da 12 once o 10 once)
- 2 cucchiaini di sale
- ½ tazza di olio d'oliva
- 1 cucchiaino di pepe di Caienna macinato
- 1 cucchiaio di aceto di vino
- 1 cucchiaio di rafano pronto
- 1 cucchiaino di cipolla in polvere

- 2 cucchiai di succo di limone

- 1 cucchiaino di aglio in polvere

Mescolare tutti gli ingredienti insieme e utilizzare come marinata.

Utilizzare poi come condimento per la carne durante la cottura.

100. Salsa alla birra messicana

Resa: 4 Porzioni

Ingrediente

- 4 ciascuno Peperoncini ancho secchi
- 6 pomodori grandi maturi
- ¾ tazza di cipolle bianche a dadini
- 4 ciascuno Spicchi d'aglio
- 1 cucchiaio di sale grosso
- ½ cucchiaino di pepe nero
- ½ tazza di birra messicana

- ½ tazza di foglie di coriandolo tritate

Preriscaldare il forno a 400 gradi. Mettere a bagno gli ancho in acqua calda finché non si ammorbidiscono, circa 10-15 minuti. Scolare l'acqua e il gambo e i semi di peperoncini. (Usa i guanti.) Metti i pomodori, la cipolla, l'aglio e i peperoncini in una teglia e arrostisci in forno per 20 minuti fino a quando le bucce dei pomodori non si carbonizzano.

Rimuovere e mettere tutto nel frullatore o nel robot da cucina e frullare brevemente fino a ottenere una purea ma ancora grossa. Versare nella casseruola e portare a bollore. Mescolare sale, pepe e birra. Togliere dal fuoco e aggiungere il coriandolo. Servire caldo. Per 4 tazze

CONCLUSIONE

I meriti della cucina e dell'infusione con la birra vanno ben oltre l'aprirne uno freddo dopo una lunga giornata. Birre di tutte le sfumature possono essere utilizzate anche in cucina...

Vale davvero la pena dedicare tempo e sforzi per abbinare la birra al cibo. Lo stesso principio si applica quando si usa il vino per aggiungere corpo e sapore ai piatti, e la birra è (di solito) più economica del vino. Poiché la birra è così complessa, dovresti usare diverse tonalità e stili per ricette appropriate e questo libro ti ha fornito un'idea per iniziare!

www.ingramcontent.com/pod-product-compliance
Lightning Source LLC
Chambersburg PA
CBHW071824080526
44589CB00012B/913